W9-BWF-398

Así es mi mundo

LA DECLARACION DE INDEPENDENCIA

por Dennis Fradin

Traductora: Lada Josefa Kratky

Consultante: Dr. Orlando Martínez-Miller

CHILDRENS PRESS ®

CHICAGO

FOTOGRAFIAS

© Cameramann International, Ltd.—4 (abajo, derecha)

Historical Pictures Service, Chicago—Cubierta, 2, 6, 7, 10, 11, 13 (2 fotos), 25, 30, 33, 35, 37

Journalism Services: © Joseph Jacobson—4 (arriba) © Harvey Moshman—4 (abajo, izquierda)

Library of Congress—15, 18, 27

North Wind Picture Archives—9, 29, 39, 41, 42

Third Coast Stock Source: William Meyer—45 (2 fotos)

Cubierta: Acto de firmar la Declaración de Independencia

El espíritu del 76 honra a los patriotas que lucharon por la independencia de los Estados Unidos.

Para David Polster

Library of Congress Cataloging-in-Publication Data

Fradin, Dennis B.
  La Declaración de Independencia.

  (Incluye un indice.)
  Resumen: Explora la situación política en América en la época del conflicto entre las colonias americanas e Inglaterra, describiendo cómo llegó a redactarse y aceptarse la Declaración de Independencia.
    1. Estados Unidos. Declaración de Independencia—Literatura infantil. 2. Estados Unidos—Política y gobierno—Independencia, 1775-1783—Literatura juvenil. [1. Estados Unidos. Declaración de Independencia. 2. Estados Unidos—Política y gobierno—Independencia, 1775-1783] I. Titulo.
E221.F8 1989   973.3'13   88-11870
ISBN 0-516-31153-0

CONTENIDO

Los fuegos artificiales y desfiles son parte de cada celebración de Cuatro de Julio.

¿QUÉ ES LA DECLARACIÓN DE INDEPENDENCIA?

El Cuatro de Julio es un día de fiesta en los Estados Unidos. Se cierran las tiendas y escuelas. La gente va a ver los desfiles y fuegos artificiales. Se celebra el Cuatro de Julio por lo que sucedió el 4 de julio de 1776. Ese día, se aprobó la Declaración de Independencia.

Se lee la Declaración de Independencia en Filadelfia en 1776.

La Declaración afirmaba que las trece colonias americanas, entonces gobernadas por Inglaterra, eran ahora independientes. Declaraba que se había formado un nuevo país: los Estados Unidos de América.

LOS AÑOS ANTES DEL CONFLICTO CON INGLATERRA

En 1607, Inglaterra estableció su primer pueblo permanente en América en Jamestown, Virginia. A principios del sigio XVIII, Inglaterra gobernaba trece colonias en América.

La colonia de Virginia se estableció en 1607.

Las trece eran Virginia,
Massachusetts, Nueva
Hampshire, Nueva York,
Connecticut, Maryland,
Rhode Island, Delaware,
Pennsylvania, Nueva
Jersey, Carolina del Norte,
Carolina del Sur y Georgia.

Los suecos fueron los primeros en construir cabañas de troncos en América.

Los reyes de Inglaterra mandaron a ingleses para gobernar las Trece Colonias. La mayoría de los colonizadores también venían de Inglaterra. Otros colonizadores venían de Alemania, Escocia, Irlanda, Holanda, Suecia y Francia.

Los peregrinos vinieron a América por razones de religión.

La gente hacía el viaje peligroso por el océano Atlántico a América por diversas razones. Muchos buscaban un lugar en que pudieran practicar libremente sus creencias religiosas. Otros querían tierra. Otros buscaban tesoros o aventura.

Los indios les enseñaron a los peregrinos a plantar maíz, que luego se convirtió en su cultivo principal.

Los colonizadores construyeron granjas, iglesias y escuelas. Plantaron maíz y otros cultivos. Los gobernadores ingleses daban libertad a los colonizadores. Estos tuvieron pocas quejas hasta la década de 1760.

EMPIEZA EL CONFLICTO CON INGLATERRA

El conflicto empezó cuando los ingleses les impusieron impuestos a las colonias. Inglaterra tenía que pagar por una guerra que había luchado contra Francia en 1763. Los legisladores ingleses decidieron obtener el dinero por medio de impuestos en las colonias. Pusieron impuestos sobre el azúcar, té, papel, pintura y periódicos.

Los ciudadanos de Boston leen acerca de los nuevos impuestos (izquierda). Más tarde, los patriotas, disfrazados de indios, echan un cargamento de té a la bahía de Boston (arriba).

Como no habían tomado parte en la creación de los impuestos, los colonizadores no querían pagarlos. Se reunieron para protestar. Se amotinaron. En 1773, para protestar el impuesto sobre el té, echaron el té en la bahía de Boston. Esto se llamó el *Boston Tea Party*. 13

Inglaterra mandó soldados para mantener el orden. Los colonizadores detestaban estos "casacas rojas". También se enojaron cuando los gobernadores ingleses los forzaron a alojar y proveer suministros para los soldados.

Inglaterra forzó a los americanos (izquierda) a trabajar para la Marina de Guerra inglesa. Los soldados ingleses (abajo) a menudo luchaban contra los partiotas americanos.

George Washington, Thomas Jefferson y Alexander Hamilton fueron miembros del Primer Congreso Continental.

En 1774, los americanos se reunieron en Filadelfia. Discutieron cómo proceder con el conflicto con Inglaterra. Esta reunión se llamó el *Primer Congreso Continental* y duró unos dos meses. Con excepción de Georgia, cada colonia mandó delegados al Primer Congreso Continental. Muy pocos de los delegados querían independizarse de Inglaterra. Pero todos querían un tratamiento más justo. El Congreso mandó mensajes al Rey Jorge III de Inglaterra, pidiéndole justicia. Planearon reunirse en la primavera

El gobierno americano envió representantes a Inglaterra a pedir justicia ante el Consejo Real.

de 1775 si Inglaterra no cambiaba. El Rey Jorge III no aceptó las demandas de los americanos. Empezó el conflicto entre los colonizadores y los "casacas rojas" ingleses. Se lucharon las primeras

La batalla de Lexington fue el comienzo de la guerra entre Inglaterra y los Estados Unidos.

batallas en Lexington y Concord, Massachusetts, en abril del año 1775. El próximo mes se reunió el Segundo Congreso Continental en Filadelfia.

EL CONGRESO PIDE UNA DECLARACIÓN DE INDEPENDENCIA

Aun con el comienzo de la guerra, pocos delegados del Segundo Congreso Continental estaban a favor de la independencia. Muchos creían que, con el tiempo, Inglaterra se reconciliaría con las Trece Colonias.

Pero entre la primavera de 1775 y el verano de 1776, cada vez más americanos decidieron a favor de la

View of The ATTACK on BUNKER'S HILL, with the Burning of CHARLES TOWN, June 17 1775.

independencia. Había muchas razones para esto. El 17 de junio, de 1775, los ingleses ganaron la sangrienta batalla de Bunker Hill, cerca de Boston. Unos 1,000 soldados ingleses y 400 americanos murieron o fueron heridos. Después de Bunker Hill, nadie quería una reconciliación.

Los ingleses trajeron a soldados alemanes para luchar contra los americanos.

Los colonizadores también supieron que el rey había contratado a miles de soldados alemanes, llamados *hessianos*, para luchar contra ellos. Esta noticia causó que los americanos se sintiesen aun más en contra del gobierno inglés.

El sentido común, un libro publicado en enero de 1776, ayudó a convencer a los americanos que debían formar un nuevo país. Fue escrito por Thomas Paine, un inglés que había venido a Filadelfia en 1774. *El sentido común* explicó por qué América debía ser independiente. Paine escribió que, al ser gobernados por reyes, los ciudadanos pierden sus derechos. También escribió que era ilógico que una isla

COMMON SENSE;

ADDRESSED TO THE

INHABITANTS

OF

A M E R I C A,

On the following interesting

S U B J E C T S.

I. Of the Origin and Design of Government in general,
   with concise Remarks on the English Constitution.

II. Of Monarchy and Hereditary Succession.

III. Thoughts on the present State of American Affairs.

IV. Of the present Ability of America, with some mis-
    cellaneous Reflections.

Man knows no Master save creating HEAVEN,
Or those whom choice and common good ordain.
THOMSON.

PHILADELPHIA;
Printed, and Sold, by R. BELL, in Third-Street.
M DCC LXX VI.

Thomas Paine (arriba) fue el
autor de *El Sentido común*
(derecha).

(Inglaterra) gobernara un continente (América del Norte). Miles de americanos leyeron *El sentido común* y estuvieron de acuerdo con sus ideas.

Ya para el verano de 1776 muchos americanos estaban a favor de la independencia. Pero el mismo número de personas estaba en contra. Algunos de los que se oponían eran los ricos que negociaban con Inglaterra. Temían que perderían dinero si América se separaba de Inglaterra. Otros creían que América no estaba lista aún para ser independiente.

El Segundo Congreso Continental discutió la independencia en la

El Segundo Congreso Continental se reunió el 10 de mayo de 1775.

primavera de 1776. Entre
los que estaban a favor
de la independencia
estaban John y Samuel
Adams de Massachusetts,
Benjamin Franklin de
Pennsylvania, y Richard
Henry Lee de Virginia. Los
que estaban en contra

incluían a John Dickinson de Pennsylvania y Edward Rutledge de Carolina del Sur. El Congreso decidió por fin someter el asunto al voto en julio. ¿Y si los delegados votaban por la independencia? El Congreso tendría que explicar por qué América se estaba separando de Inglaterra. El Congreso les pidió a cinco hombres que escribieran una explicación, la Declaración de Independencia.

SE REDACTA LA DECLARACIÓN DE INDEPENDENCIA

Los cinco hombres del comité eran John Adams de Massachusetts, Benjamin Franklin de Pennsylvania,

De izquierda a derecha: Thomas Jefferson, Roger Sherman, Benjamin Franklin, Robert R. Livingston, John Adams

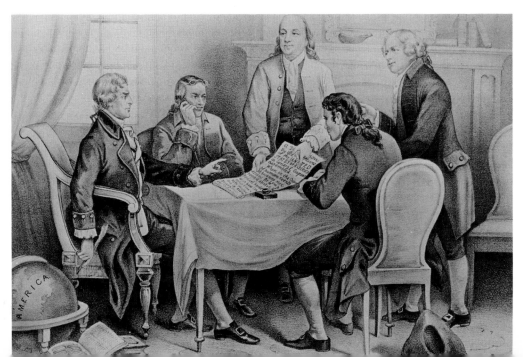

Robert R. Livingston de
Nueva York, Roger Sherman
de Connecticut y Thomas
Jefferson de Virginia.

Franklin era el hombre más
famoso del Congreso y era un
buen escritor. Pero a los
setenta años, Franklin
estaba enfermo, y no pudo
escribir la Declaración. En
su lugar fue escogido Thomas
Jefferson, de Virginia, de
treinta y tres años.

Jefferson trabajó por dos
semanas a fines de junio,

Un borrador de Thomas Jefferson de la Declaración de Independencia

redactando la Declaración
de Independencia. La escribió
en un escritorio de su
departamento en las calles
Market y Siete. Jefferson
les mostró su trabajo

Unos pocos cambios fueron hechos al documento de Jefferson por Benjamin Franklin y John Adams.

a Ben Franklin y a John Adams, quienes le hicieron unos pocos cambios. Luego, Jefferson entregó su trabajo al Congreso.

EL CONGRESO SOMETE LA INDEPENDENCIA AL VOTO

Si el Congreso votaba en contra de la independencia, la Declaración sería innecesaria. El 2 de julio de 1776 era la fecha del voto: El 1° de julio, el Congreso participó en un voto de prueba. Nueve colonias estaban a favor de la independencia. Dos estaban en contra. Nueva York

les había dicho a sus
delegados que no votaran. Uno
de los delegados de Delaware
quería la independencia, otro
estaba en contra y otro aún
no había llegado a Filadelfia.

Los delegados sabían que
no bastaba que la *mayoría* de
las colonias quisiera la
independencia. *Todas* las
colonias tenían que
quererla, o acabarían
luchando entre sí mismos.
Antes del voto, los delegados
que querían la independencia
hablaron con los que estaban

Cuadro que muestra a los delegados rezando

en contra o no estaban
decididos. La votación
histórica tuvo lugar el 2
de julio de 1776.

Las nueve colonias que
habían estado a favor de la
independencia el 1° de julio
no cambiaron de opinión.
Carolina del Sur votó "Sí"

y se unió a la mayoría.
Pennsylvania votó por la
independencia en un voto de
3 a 2 cuando dos delegados
que estaban en contra no votaron.
Después de una cabalgata de
80 millas, Caesar Rodney llegó
justo a tiempo para dar el
voto que puso Delaware a
favor de la independencia.
Nueva York no votó el 2 de
julio pero hizo que el voto
fuera unánime al aprobar la
independencia unos pocos
días después.

Los delegados discutieron hasta muy tarde tratando de convencer a representantes de todos los estados que aprobaran la independencia.

Muchos delegados creyeron que el 2 de julio —el día en que votaron por la independencia— sería recordado como el día de la creación del país. El Congreso se puso a estudiar la Declaración de Jefferson.

SE APRUEBA LA DECLARACIÓN

El Congreso estudió y discutió la Declaración de Independencia el 2, 3 y 4 de julio de 1776. Los delegados hicieron unos cambios al papel de Jefferson. Un cambio grande que hicieron fue la supresión de la sección que condenaba la esclavitud. Varios estados sureños, donde había muchos esclavos, insistieron en que se eliminara esta sección.

Los delegados
firman la
Declaración de
Independencia.

El 4 de julio de 1776, el
Congreso aprobó la
Declaración. La noticia fue
enviada por todo el país.
La gente se alegró cuando
oyó la Declaración.
Disparó cañones y quemó
la bandera inglesa.

Las primeras palabras
de la Declaración son EN
CONGRESO, EL 4 DE JULIO
DE 1776. Esa fue la fecha en
que el Congreso aprobó la
Declaración. Se empezó a
celebrar esa fecha como si
fuese la de la creación de
la nación en lugar del 2 de
julio. Después de dos siglos,
aún honramos el día en que
la Declaración fue aprobada en
vez del día en que el Congreso
votó por la independencia.

Cincuenta y seis
representantes de los trece

John Penn   John Hancock   John Hart
Wm Floyd   Wm Paca
        Geo Read Wm Hooper Geo Clymer
Step Hopkins   Thos Nelson jr
        Charles Carroll of Carroll Ellbridge Gerry
Tho M Kean   Roger Sherman Sam el Huntington
Wm Whypple   Thomas Lynch Jun r
Geo Taylor Josiah Bartlett   Benj Franklin
Wm Williams   Rich d Stockton   John Morton
Oliver Wolcott   Jno Witherspoon Geo Ross
Tho Stone Samuel Chase Rob Treat Paine
George Wythe   Matthew Thornton
Fran s Lewis   Th Jefferson   Benj Harrison
    Lewis Morris Abra Clark   Casar Rodney Phil Livingston
Arthur Middleton   Fra Hopkinson
Geo Walton   Carter Braxton James Wilson
Richard Henry Lee   Tho s Heyward Jun
Benjamin Rush John Adams Rob Morris
Lyman Hall   Joseph Hewes Button Gwinnett
Francis Lightfoot Lee
William Ellery Edward Rutledge Ja s Smith

Department of State 1st April 1826 I Certify that this is a CORRECT Copy of the original Declaration of Independence deposited at this Department and that I have compared all the signatures with those of the original and have found them EXACT IMITATIONS. John Quincy Adams

Copias de las firmas de los cincuenta y seis delegados

estados firmaron la Declaración. Como presidente del Segundo Congreso Continental, John Hancock de Massachusetts firmó primero. La mayoría de los delegados firmaron en agosto de 1776.

LO QUE AFIRMABA LA DECLARACIÓN

La Declaración decía por qué los americanos querían separarse de Inglaterra. Decía que todas las personas son "creadas iguales" y que tienen el derecho a "la vida, la libertad y la búsqueda de la felicidad". La Declaración nombró casi treinta maneras en que el rey de Inglaterra les estaba quitando esos derechos a los americanos.

In CONGRESS, July 4, 1776

The unanimous Declaration of the thirteen united States of America.

When in the Course of human events, it becomes necessary for one people to dissolve the political bands which have connected them with another, and to assume among the powers of the earth, the separate and equal station to which the Laws of Nature and of Nature's God entitle them, a decent respect to the opinions of mankind requires that they should declare the causes which impel them to the separation.

We hold these truths to be self-evident, that all men are created equal, that they are endowed by their Creator with certain unalienable Rights, that among these are Life, Liberty and the pursuit of Happiness.—That to secure these rights, Governments are instituted among Men, deriving their just powers from the consent of the governed,—That whenever any Form of Government becomes destructive of these ends, it is the Right of the People to alter or to abolish it, and to institute new Government, laying its foundation on such principles and organizing its powers in such form, as to them shall seem most likely to effect their Safety and Happiness. Prudence, indeed, will dictate that Governments long established should not be changed for light and transient causes; and accordingly all experience hath shewn, that mankind are more disposed to suffer, while evils are sufferable, than to right themselves by abolishing the forms to which they are accustomed. But when a long train of abuses and usurpations, pursuing invariably the same Object evinces a design to reduce them under absolute Despotism, it is their right, it is their duty, to throw off such Government, and to provide new Guards for their future security.—Such has been the patient sufferance of these Colonies; and such is now the necessity which constrains them to alter their former Systems of Government. The history of the present King of Great Britain is a history of repeated injuries and usurpations, all having in direct object the establishment of an absolute Tyranny over these States. To prove this, let Facts be submitted to a candid world.

He has refused his Assent to Laws, the most wholesome and necessary for the public good.

He has forbidden his Governors to pass Laws of immediate and pressing importance, unless suspended in their operation till his Assent should be obtained; and when so suspended, he has utterly neglected to attend to them.

He has refused to pass other Laws for the accommodation of large districts of people, unless those people would relinquish the right of Representation in the Legislature, a right inestimable to them and formidable to tyrants only.

He has called together legislative bodies at places unusual, uncomfortable, and distant from the depository of their public Records, for the sole purpose of fatiguing them into compliance with his measures.

He has dissolved Representative Houses repeatedly, for opposing with manly firmness his invasions on the rights of the people.

He has refused for a long time, after such dissolutions, to cause others to be elected; whereby the Legislative powers, incapable of Annihilation, have returned to the People at large for their exercise; the State remaining in the mean time exposed to all the dangers of invasion from without, and convulsions within.

He has endeavoured to prevent the population of these States; for that purpose obstructing the Laws for Naturalization of Foreigners; refusing to pass others to encourage their migrations hither, and raising the conditions of new Appropriations of Lands.

He has obstructed the Administration of Justice, by refusing his Assent to Laws for establishing Judiciary powers.

He has made Judges dependent on his Will alone, for the tenure of their offices, and the amount and payment of their salaries.

He has erected a multitude of New Offices, and sent hither swarms of Officers to harrass our people, and eat out their substance.

He has kept among us, in times of peace, Standing Armies without the Consent of our legislatures.

He has affected to render the Military independent of and superior to the Civil power.

He has combined with others to subject us to a jurisdiction foreign to our constitution, and unacknowledged by our laws; giving his Assent to their Acts of pretended Legislation:

For Quartering large bodies of armed troops among us:

For protecting them, by a mock Trial, from punishment for any Murders which they should commit on the Inhabitants of these States:

For cutting off our Trade with all parts of the world:

For imposing Taxes on us without our Consent:

For depriving us in many cases, of the benefits of Trial by Jury:

For transporting us beyond Seas to be tried for pretended offences

For abolishing the free System of English Laws in a neighbouring Province, establishing therein an Arbitrary government, and enlarging its Boundaries so as to render it at once an example and fit instrument for introducing the same absolute rule into these Colonies:

For taking away our Charters, abolishing our most valuable Laws, and altering fundamentally the Forms of our Governments:

For suspending our own Legislatures, and declaring themselves invested with power to legislate for us in all cases whatsoever.

He has abdicated Government here, by declaring us out of his Protection and waging War against us.

He has plundered our seas, ravaged our Coasts, burnt our towns, and destroyed the lives of our people.

He is at this time transporting large Armies of foreign Mercenaries to compleat the works of death, desolation and tyranny, already begun with circumstances of Cruelty & perfidy scarcely paralleled in the most barbarous ages, and totally unworthy the Head of a civilized nation.

He has constrained our fellow Citizens taken Captive on the high Seas to bear Arms against their Country, to become the executioners of their friends and Brethren, or to fall themselves by their Hands.

He has excited domestic insurrections amongst us, and has endeavoured to bring on the inhabitants of our frontiers, the merciless Indian Savages, whose known rule of warfare, is an undistinguished destruction of all ages, sexes and conditions.

In every stage of these Oppressions We have Petitioned for Redress in the most humble terms: Our repeated Petitions have been answered only by repeated injury. A Prince whose character is thus marked by every act which may define a Tyrant, is unfit to be the ruler of a free people.

Nor have We been wanting in attentions to our Brittish brethren. We have warned them from time to time of attempts by their legislature to extend an unwarrantable jurisdiction over us. We have reminded them of the circumstances of our emigration and settlement here. We have appealed to their native justice and magnanimity, and we have conjured them by the ties of our common kindred to disavow these usurpations, which, would inevitably interrupt our connections and correspondence. They too have been deaf to the voice of justice and of consanguinity. We must, therefore, acquiesce in the necessity, which denounces our Separation, and hold them, as we hold the rest of mankind, Enemies in War, in Peace Friends.

We, therefore, the Representatives of the united States of America, in General Congress, Assembled, appealing to the Supreme Judge of the world for the rectitude of our intentions, do, in the Name, and by Authority of the good People of these Colonies, solemnly publish and declare, That these United Colonies are, and of Right ought to be Free and Independent States; that they are Absolved from all Allegiance to the British Crown, and that all political connection between them and the State of Great Britain, is and ought to be totally dissolved; and that as Free and Independent States, they have full Power to levy War, conclude Peace, contract Alliances, establish Commerce, and to do all other Acts and Things which Independent States may of right do.—And for the support of this Declaration, with a firm reliance on the protection of divine Providence, we mutually pledge to each other our Lives, our Fortunes and our sacred Honor.

John Hancock

Button Gwinnett
Lyman Hall
Geo Walton.

Wm Hooper
Joseph Hewes,
John Penn

Edward Rutledge.
Thos Heyward Junr.
Thomas Lynch Junr.
Arthur Middleton

Samuel Chase
Wm Paca
Thos Stone
Charles Carroll of Carrollton

George Wythe
Richard Henry Lee
Th Jefferson
Benja Harrison
Thos Nelson jr.
Francis Lightfoot Lee
Carter Braxton

Robt Morris
Benjamin Rush
Benja Franklin
John Morton
Geo Clymer
Jas. Smith.
Geo. Taylor
James Wilson
Geo. Ross
Caesar Rodney
Geo Read
Tho M:Kean

Wm Floyd
Phil. Livingston
Frans. Lewis
Lewis Morris

Richd. Stockton
Jno Witherspoon
Fras. Hopkinson
John Hart
Abra Clark

Josiah Bartlett
Wm Whipple
Saml Adams
John Adams
Robt Treat Paine
Elbridge Gerry
Step Hopkins
William Ellery
Roger Sherman
Samel Huntington
Wm Williams
Oliver Wolcott
Matthew Thornton

Cuadro que muestra a Betsy Ross cosiendo la primera bandera americana mientras que Washington la observa

La Declaración decía que las colonias eran "estados libres e independientes". Los congresistas juraron defender la Declaración con sus "vidas… fortunas y… honor sagrado".

LOS EFECTOS DE LA DECLARACIÓN

La Declaración *decía* que las colonias eran libres. Pero para hacer que esas palabras fueran verdaderas, el ejército de George Washington tenía que ganar la Guerra de Independencia contra Inglaterra.

La Declaración ayudó a los Estados Unidos a ganar esa guerra. Los americanos estaban más dispuestos a luchar ahora que tenían su propio país. Otras naciones estaban más dispuestas a luchar por los Estados Unidos ahora que habían declarado su independencia. Los americanos ganaron la Guerra de Independencia en 1781.

Los americanos han estado orgullosos de la Declaración de Independencia por más de doscientos años. La Declaración nos recuerda por qué nuestro país se separó de Inglaterra. También nos recuerda de que no es bueno

estar predispuesto contra
alguien debido a su color o
religión, porque todos fuimos
creados iguales. Nos inspira
a tratar de crear un mundo en
que todos nacerán con los
derechos de "la vida, la
libertad y la búsqueda de
la felicidad".

PALABRAS QUE DEBES SABER

Boston Tea Party — el asalto de 1773 en que los americanos destruyeron una gran carga de té para protestar en contra del impuesto sobre el té

casacas rojas — el sobrenombre que los americanos dieron a los soldados ingleses (debido al color de sus uniformes)

colonia — un poblado en un lugar distinto de la madre patria, gobernado por la madre patria

comité — un grupo de personas nombradas para un trabajo especial

Congreso Continental — un cuerpo de legisladores que gobernaba el país antes de que se hubiera formado el Congreso de los Estados Unidos

continente — una de las masas de tierra más grandes del mundo

Cuatro de Julio — día de fiesta de los Estados Unidos que celebra la adopción de la Declaración de Independencia; llamado también Día de Independencia

Declaración de Independencia — el documento en que decía que las trece colonias inglesas de América se habían convertido en los Estados Unidos de América

delegado — una persona que representa a otra gente

esclavitud — práctica en que la gente es propiedad de otros

estados — nombre que se dieron las colonias al declarar su independencia

Guerra de Independencia — la guerra que luchó los Estados Unidos para separarse de Inglaterra; llamada también la Guerra de la Revolución

hessianos — soldados alemanes que lucharon por Inglaterra durante the Guerra de Independencia

impuestos — dinero pagado por la gente para mantener el gobierno

independencia — calidad de establecerse por sí mismo

legitimistas — americanos que permanecieron leales a Inglaterra durante la Guerra de Independencia

libertad — calidad de comportamiento sin restricciones

mayoría — más de la mitad de un número

permanente — que dura

prejuicio — antipatía hacia ciertas personas debido a características como color, religión o sexo

siglo — cien años

Thomas Jefferson — autor de la Declaración de Independencia y más tarde Presidente de los Estados Unidos

unánime — que tiene el apoyo de todos

ÍNDICE

Sobre el autor

Dennis Fradin asistió a la Universidad de Northwestern con una beca partial en composición literaria, graduándose en 1967. Sus primeros libros incluyen la serie The Young People's Stories of Our States, *publicada por Childrens Press, y* Bad Luck Tony, *publicado por Prentice-Hall. Para la serie* Así es mi mundo, *Dennis ha escrito sobre la astronomía, agricultura, cometas, arqueología, cine, el laboratorio espacial, exploradores y pioneros. Es casado y tiene tres hijos.*